Impressum
Verlag: BABADADA GmbH, Nedderfeld 112 , 22529 Hamburg
Geschäftsführer / Verlagsleitung: Harald Hof
Druck: Books on Demand GmbH, In de Tarpen 42, 22848 Norderstedt

Imprint
Publisher: BABADADA GmbH, Nedderfeld 112 , 22529 Hamburg, Germany
Managing Director / Publishing direction: Harald Hof
Print: Books on Demand GmbH, In de Tarpen 42, 22848 Norderstedt

בית ספר
學校

כיתה
教室
חילק
除
186/2
לוח
黑板
מורה
老師
נייר
紙
כתב
書寫
עט
שולחן עבודה
辦公桌
סרגל
直尺
ספר
書
תלמיד
學生

עיפרון

鉛筆

קלמר

鉛筆盒

ילקוט

書包

חוברת סרטוט

畫板

גומי מחיקה

橡皮擦

מחדד

削鉛筆機

סרטוט

圖畫

מברשת

畫筆

קופסת צבעים

顏料盒

מספריים

剪刀

דבק

膠水

ספר תרגול

練習冊

שיעור בית

家庭作業

12

מספר

數字

2+2

חיבר

加

5-2

חיסר

減

2×2

הכפיל

乘

חישב

計算

A

אות

字母

ABCDEFG
HIJKLMN
OPQRSTU
VWXYZ

אלפבית

字母表

hello

מילה

字

טקסט

課文

קרא

讀

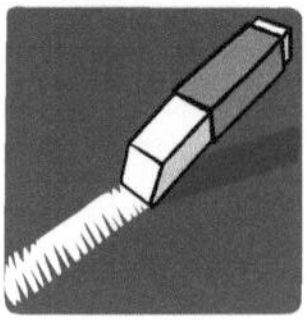

גיר

粉筆

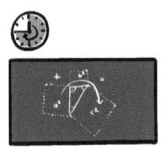

שיעור

上課

יומן נוכחות

登記

מבחן

考試

תעודה

證書

תלבושת בית ספר

校服

חינוך

教育

אנציקלופדיה

百科全書

אוניברסיטה

大學

מיקרוסקופ

顯微鏡

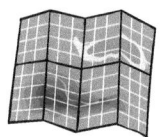

מפה

地圖

סל נייר

廢紙簍

מלון
飯店

Grand

הוסטל
青年旅社

ROOMS

המרת מטבע
外幣兌換處

EXCHANGE

מזוודה
手提箱

אוטו
汽車

שפה
....
語言

כן / לא
....
是/否

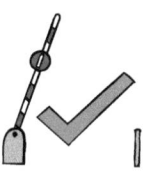

בסדר
....
好的

שלום
....
您好

מתרגם
....
翻譯人員

תודה
....
謝謝

בעיה

問題

אני לא מבין

我不明白

כמה עולה.....?

……多少錢？

לילה טוב!

晚安！

בוקר טוב!

早上好！

ערב טוב!

晚上好！

כבודה

行李

כיוון

方向

להתראות

再見

אורח

客人

תרמיל גב

背包

תיק

包

אוהל

帳篷

שק שינה

睡袋

חדר

房間

מרכז מידע לתיירים

旅行資訊

חוף ים

海灘

כרטיס אשראי

信用卡

ארוחת בוקר

早餐

ארוחת צהריים

午餐

ארוחת ערב

晚餐

כרטיס

票

מעלית

電梯

בול

郵票

גבול

邊界

מכס

海關

שגרירות

大使館

אשרה

簽證

דרכון

護照

תחבורה
交通運送

מטוס
飛機
אונייה
船
כבאית
消防車
משאית
卡車
אוטובוס
公車
סירת מנוע
汽艇
אופניים
腳踏車
אוטו
汽車

מעבורת
渡輪

סירה
小船

אופנוע
機車

ניידת משטרה
警車

מכונית מרוץ
賽車

רכב שכור
租車

מכוניות בשיתוף

拼車

אוטו גרר

拖車

משאית זבל

垃圾車

מנוע

馬達

דלק

汽油

תחנת דלק

加油站

תמרור

交通標識

תנועה

交通

פקק תנועה

交通堵塞

חניה

停車場

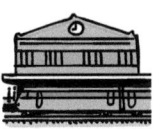

תחנת רכבת

火車站

פסי רכבת

軌道

רכבת

火車

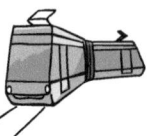

רכבת קלה

路面電車

קרון

客車廂

מסוק

直升機

שדה-תעופה

機場

מגדל

塔

נוסע

乘客

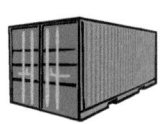

קונטיינר

集裝箱

קרטון

紙板箱

עגלה

手推車

סל

籃子

המראה / נחיתה

起飛/降落

עיר

城市

כפר

村莊

מרכז העיר

市中心

בית

房子

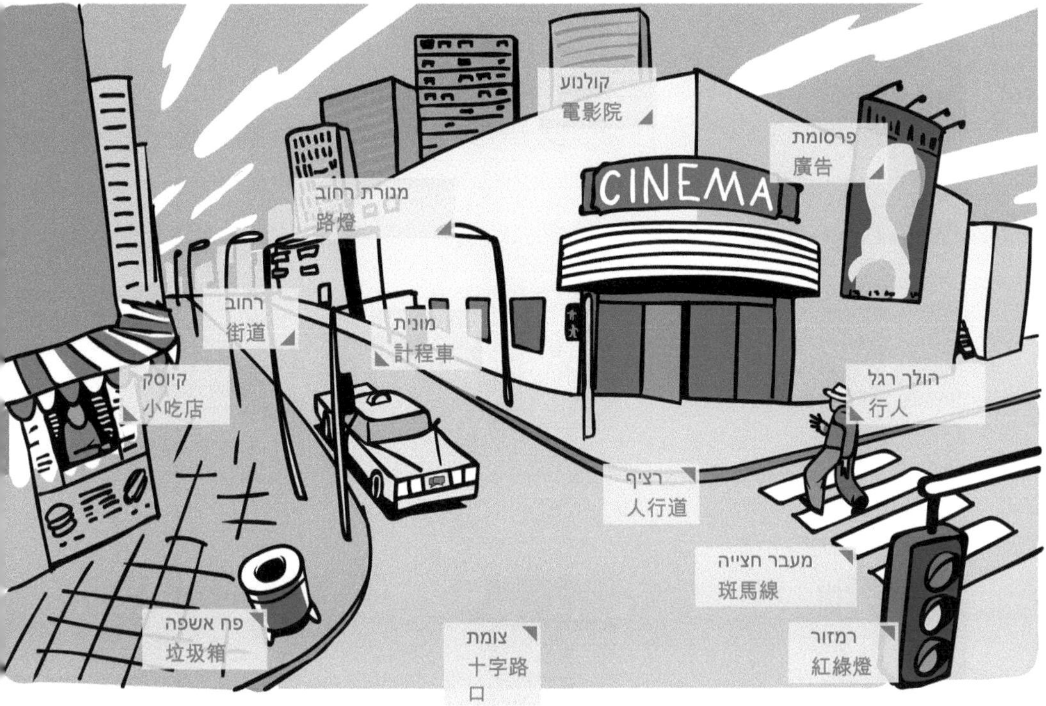

קולנוע
電影院

פרסומת
廣告

מנורת רחוב
路燈

רחוב
街道

מונית
計程車

הולך רגל
行人

קיוסק
小吃店

רציף
人行道

מעבר חצייה
斑馬線

פח אשפה
垃圾箱

צומת
十字路口

רמזור
紅綠燈

בקתה 小屋	דירה 公寓	תחנת רכבת 火車站

עירייה 市政廳	מוזיאון 博物館	בית ספר 學校

אוניברסיטה

大學

בנק

銀行

בית חולים

醫院

מלון

飯店

בית מרקחת

藥房

משרד

辦公室

חנות ספרים

書店

חנות

商店

חנות פרחים

花店

סופרמרקט

超市

שוק

市場

כל-בו

百貨商店

מוכר דגים

魚店

קניון

購物中心

נמל

海港

פארק

公園

ספסל

長凳

גשר

橋

מדרגות

樓梯

רכבת תחתית

捷運

מנהרה

隧道

תחנת אוטובוס

公車站

בר

酒吧

מסעדה

餐館

תא דואר

郵筒

שלט רחוב

路標

מדחן

停車計時器

גן חיות

動物園

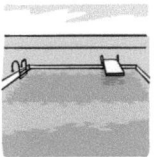

בריכת שחיה

游泳池

מסגד

清真寺

חווה

農場

זיהום

污染

בית עלמין

墓地

כנסייה

教堂

מגרש משחקים

操場

בית מקדש

寺廟

נוף
地形

עלה
樹葉

תמרור
指示牌

דרך
路

מרעה
草地

אבן
石頭

עץ
樹

מטייל
徒步旅行者

נהר
河

דשא
草

פרח
花

בקעה

峽谷

הר

丘陵

אגם

湖

יער

森林

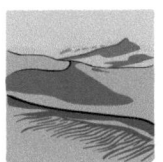

מדבר

沙漠

הר געש

火山

טירה

城堡

קשת בענן

彩虹

פטריה

蘑菇

דקל

棕櫚樹

יתוש

蚊子

זבוב

蒼蠅

נמלה

螞蟻

דבורה

蜜蜂

עכביש

蜘蛛

חיפושית

甲蟲

צפרדע

青蛙

סנאי

松鼠

קיפוד

刺蝟

ארנב

野兔

ינשוף

貓頭鷹

ציפור

鳥

ברבור

天鵝

חזיר בר

野豬

צבי

鹿

אייל הקורא

麋鹿

סכר

水壩

טורבינת רוח

風力發電機

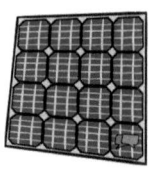

פנל סולארי

太陽能電池板

אקלים

氣候

מסעדה
餐館

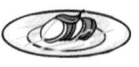

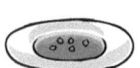

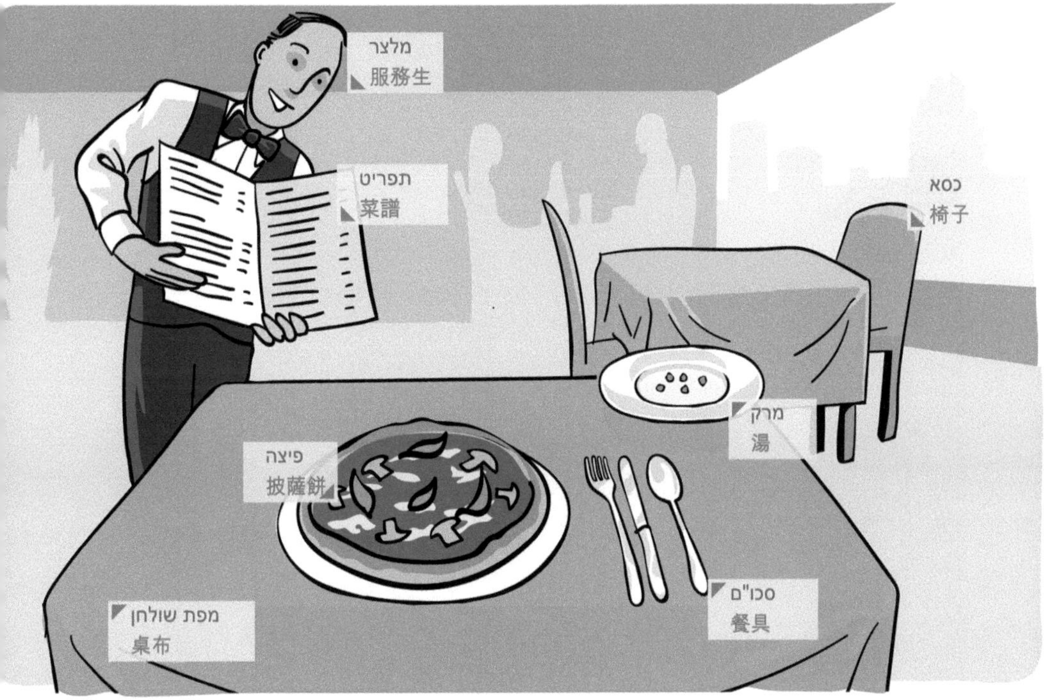

מלצר
服務生
תפריט
菜譜
כסא
椅子
מרק
湯
פיצה
披薩餅
סכו"ם
餐具
מפת שולחן
桌布

מנת פתיחה

前菜

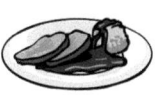

מנה עיקרית

主菜

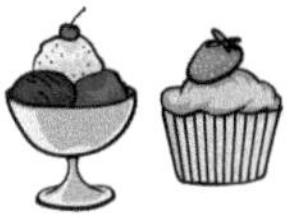

קינוח

甜點

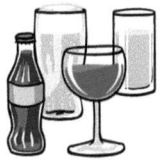

שתיות

飲料

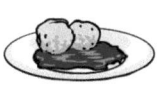

אוכל

食物

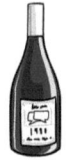

בקבוק

瓶子

מזון מהיר

速食

אוכל רחוב

街邊小吃

קנקן תה

茶壺

מסכרת

糖盒

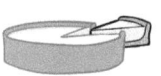

מנה

一份飯菜

מכונת אספרסו

義式咖啡機

כסא תינוק

高腳椅

חשבון

帳單

מגש

托盤

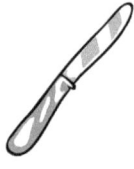

סכין

刀

מזלג

餐叉

כף

勺子

כפית

茶匙

מפית

餐巾

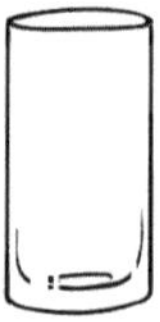

כוס

玻璃杯

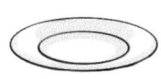

צלחת

碟子

קערת מרק

湯盤

תחתית

碟子

רוטב

醬

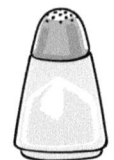

מלחייה

鹽瓶

מטחנת פלפל

胡椒研磨罐

חומץ

醋

שמן

食用油

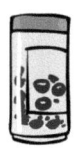

תבלינים

調味料

קטשופ

番茄醬

חרדל

芥末

מיונז

美乃滋

סופרמרקט
超市

מבצע
特價
FOR
לקוח
顧客
מוצרי חלב
乳製品
פירות
水果
עגלת קניות
購物車

אטליז

肉鋪

מאפייה

麵包店

שקל

稱重

ירקות

蔬菜

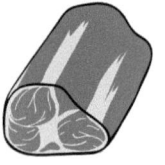

בשר

肉

מזון קפוא

冷凍食品

אבקת כביסה

洗衣粉

שימורים

罐頭食品

בשר קר

冷盤

חומר ניקוי

清潔用品

מוצרי בית

日用品

ממתקים

甜食

קופאי

收銀員

קופה

收銀機

מוכרת

銷售員

ארנק

錢包

שעות פתיחה

開放時間

רשימת קניות

購物清單

שקית נילון

塑膠袋

תיק

袋子

כרטיס אשראי

信用卡

שתיות
飲料

חלב

牛奶

מיץ

果汁

מים

水

בירה

啤酒

יין

紅酒

קולה

可樂

תה

茶

קקאו

可可

אלכוהול

酒

קפוצ'ינו

卡布奇諾

אספרסו

義式濃縮咖啡

קפה

咖啡

אוכל
食物

תפוז

柳丁

תפוח

蘋果

בננה

香蕉

גזר

胡蘿蔔

לימון

檸檬

אבטיח

西瓜

בצל

洋蔥

במבוק

竹子

שום

大蒜

אטריות

麵條

אגוזים

堅果

פטריות

蘑菇

ספגטי

義大利麵

אורז

米飯

סלט

沙拉

צ'יפס

薯條

צ'יפס

炸馬鈴薯

פיצה

披薩餅

המבורגר

漢堡

כריך

三明治

שניצל

炸豬排

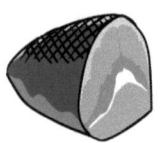

שינקין

火腿

סלאמי

義大利臘腸

נקניקיה

香腸

עוף

雞肉

טיגון

烤肉

דג

魚

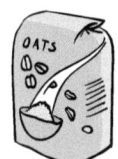

שיבולת שועל

燕麥片

מוזלי

木斯里

קורנפלקס

玉米片

קמח

麵粉

קרואסון

牛角麵包

לחמנייה

麵包捲

לחם

麵包

טוסט

吐司

עוגיות

餅乾

חמאה

奶油

גבינה לבנה

凝乳

עוגה

蛋糕

ביצה

蛋

ביצת עין

煎蛋

גבינה

起司

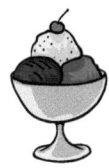

דבש

蜂蜜

סוכר

糖

גלידה

冰淇淋

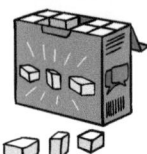

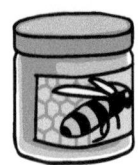

קארי

咖哩

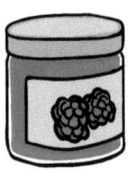

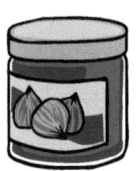

ממרח נוגט

巧克力醬

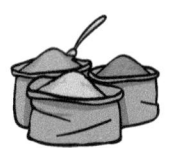

ריבה

果醬

חווה
農場

אסם
糧倉
חבילת שחת
稻草捆
שדה
田野
סוס
馬
עגלת נגרר
拖車
סייח
馬駒
טרקטור
拖拉機
חמור
驢
כבש
羊
טלה
羔羊

עז
....
山羊

פרה
....
奶牛

עגל
....
小牛

חזיר
....
豬

חזרזיר
....
小豬

שור
....
公牛

אווז

鵝

ברווז

鴨

אפרוח

小雞

תרנגולת

母雞

תרנגול

公雞

חולדה

鼠

חתול

貓

עכבר

老鼠

שור

牛

כלב

狗

מלונה

狗屋

צינור השקיה

花園澆水軟管

קנקן מים

澆水壺

חרמש

長柄大鐮刀

מחרשה

犁

מגל

鐮刀

מגרפה

鋤頭

קלשון

長柄草耙

גרזן

斧頭

מריצה

獨輪手推車

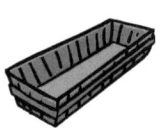

שוקת

飼料槽

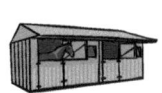

כד חלב

牛奶罐

שק

麻布袋

גדר

柵欄

אורווה

馬廄

חממה

溫室

אדמה

土壤

זרע

種子

דשן

肥料

מקצרה

聯合收割機

קצר

收割

קציר

收割

בטטה אפריקנית

地瓜

חיטה

小麥

סויה

大豆

תפוח אדמה

土豆

תירס

玉米

קנולה

油菜籽

עץ פירות

果樹

קסבה

樹薯

דגנים

穀物

בית

房子

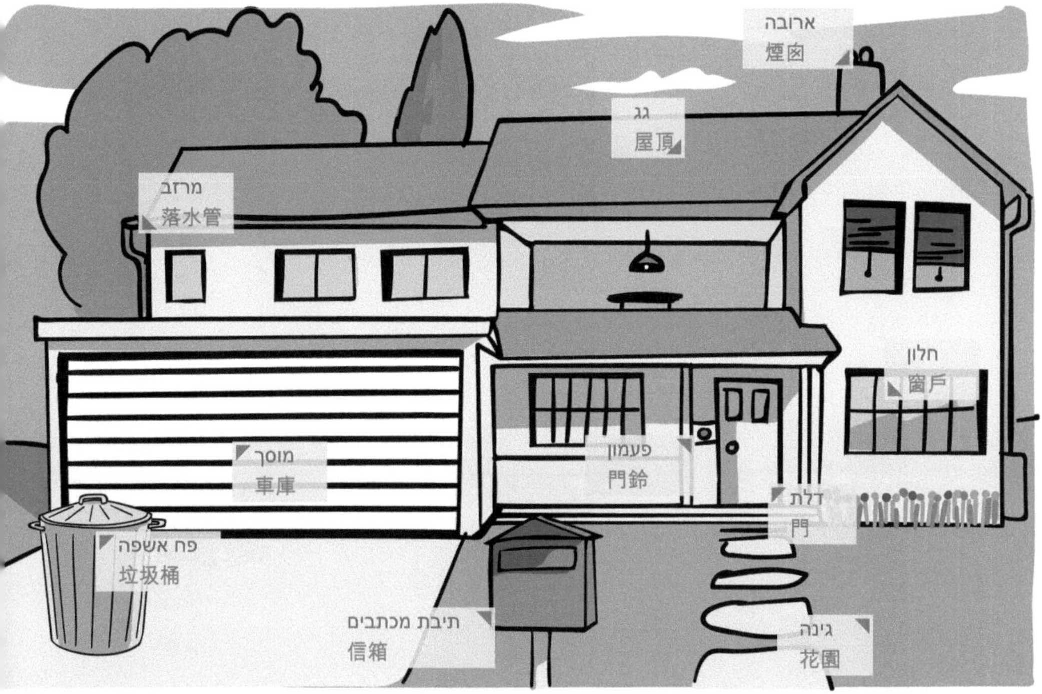
ארובה
煙囪
גג
屋頂
מרזב
落水管
חלון
窗戶
מוסך
車庫
פעמון
門鈴
דלת
門
פח אשפה
垃圾桶
תיבת מכתבים
信箱
גינה
花園

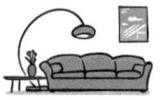

סלון

客廳

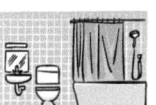

חדר אמבטיה

浴室

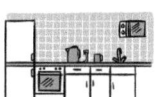

מטבח

廚房

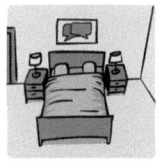

חדר שינה

臥室

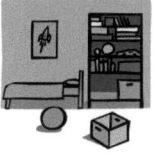

חדר ילדים

兒童房

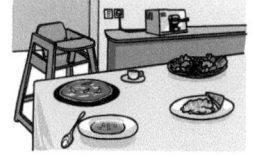

חדר אוכל

餐廳

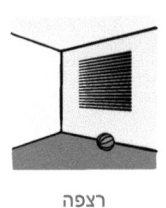

רצפה

地板

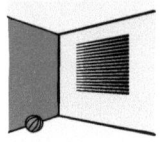

קיר

牆壁

תקרה

天花板

מרתף

地窖

סאונה

三溫暖

מרפסת

陽臺

מרפסת

露臺

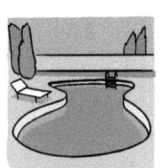

בריכה

游泳池

מכסחת דשא

割草機

סדין

被單

כיסוי מיטה

床罩

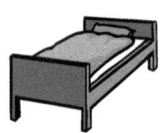

מיטה

床

מטאטא

掃帚

דלי

水桶

מפסק

開關

סלון

客廳

טפט
壁紙
תמונה
相片
מנורה
檯燈
מדף
擱架
ארון
櫥櫃
טלוויזיה
電視
אח
壁爐
פרח
花
כרית
墊子
ספה
沙發
אגרטל
花瓶
שלט רחוק
遙控器

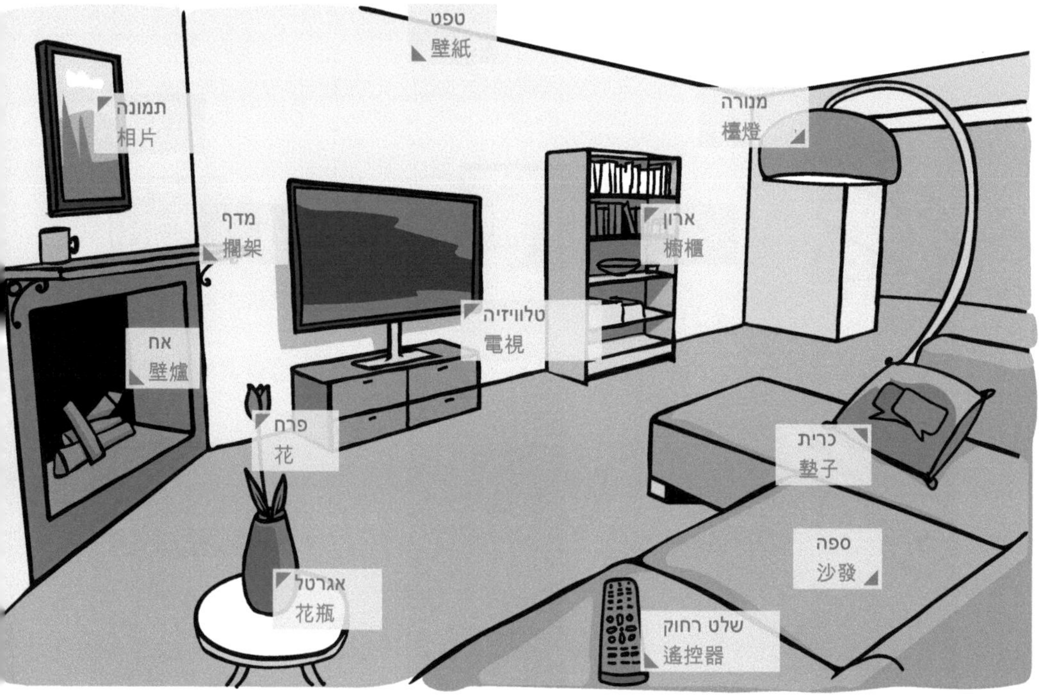

שטיח

地毯

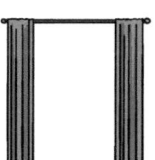

וילון

窗簾

שולחן

餐桌

כסא

椅子

כיסא נדנדה

搖椅

כורסה

扶手椅

ספר

書

שמיכה

毯子

דקורציה

裝飾品

עצי הסקה

木柴

סרט

電影

מערכת סטריאו

高傳真音響

מפתח

鑰匙

עיתון

報紙

ציור

油畫

פוסטר

海報

רדיו

收音機

מחברת

筆記本

שואב אבק

吸塵器

קקטוס

仙人掌

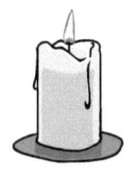

נר

蠟燭

מטבח

廚房

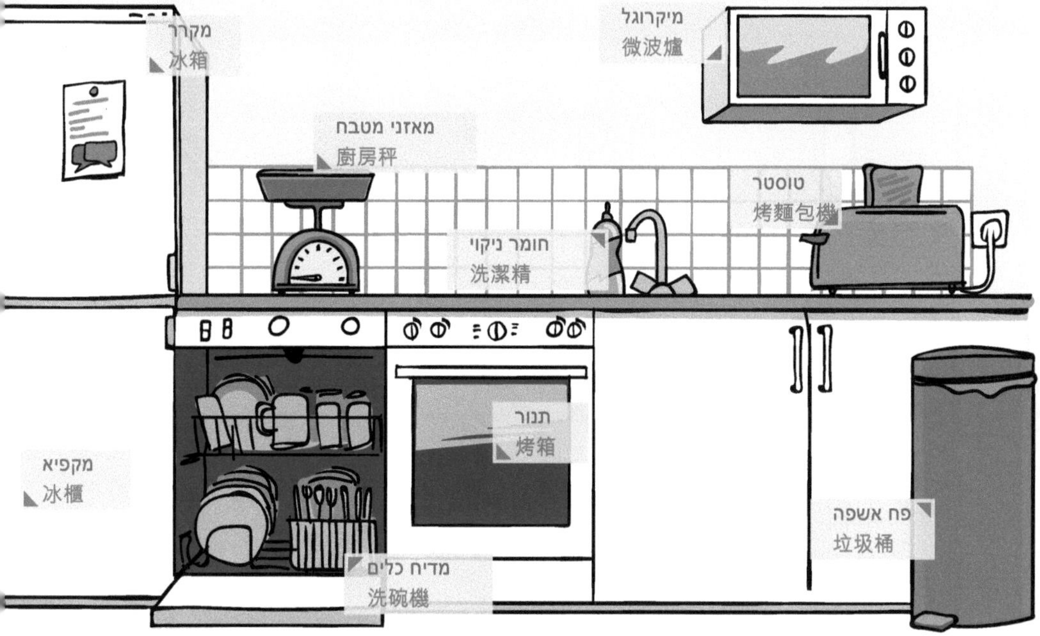

מקרר
冰箱
מיקרוגל
微波爐
מאזני מטבח
廚房秤
טוסטר
烤麵包機
חומר ניקוי
洗潔精
תנור
烤箱
מקפיא
冰櫃
פח אשפה
垃圾桶
מדיח כלים
洗碗機

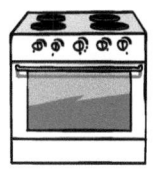

תנור

炊具

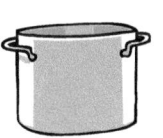

סיר

鍋

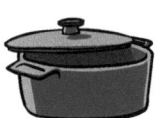

סיר ברזל

鑄鐵鍋

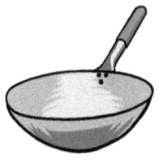

ווק

炒鍋

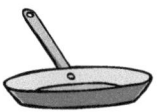

מחבת

平底鍋

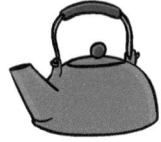

קומקום חשמלי

水壺

מאדה

蒸鍋

מגש אפייה

烤盤

כלי אוכל

陶瓷鍋

ספל

馬克杯

קערה

碗

צ'ופסטיקס

筷子

מצקת

長柄勺

מרית

鏟子

מטרפה

攪拌器

מסננת בישול

濾網

מסננת

篩子

מגרדת

磨碎機

מכתש

研缽

גריל

燒烤

מדורה

明火

קרש חיתוך

菜板

מערוך

擀麵杖

פותחן פקקים

開瓶器

פחית

罐子

פותחן קופסאות

開罐器

מטלית

隔熱手套

כיור

水槽

מברשת

刷子

ספוג

海綿

בלנדר

攪拌機

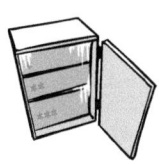

מקפיא

冷藏箱

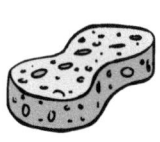

בקבוק לתינוק

奶瓶

ברז

水龍頭

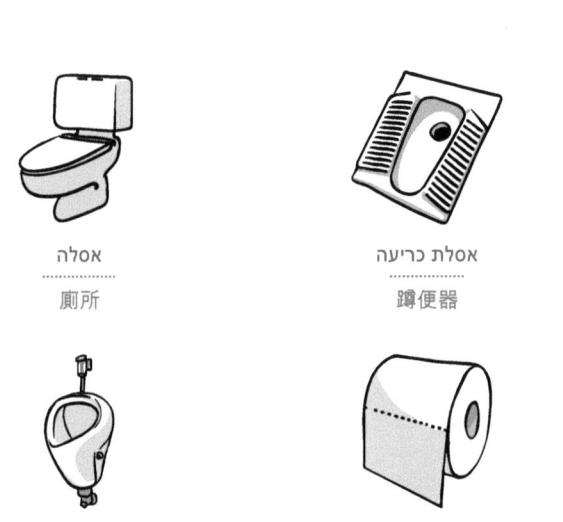

חדר אמבטיה

浴室

מקלחת
淋浴
חימום
供暖裝置
מגבת
毛巾
וילון מקלחת
浴簾
אמבטיית קצף
泡沫浴
אמבטיה
כוס
玻璃杯
מכונת כביסה
洗衣機
ברז
水龍頭
אריחים
瓷磚
סיר לילה
便壺
כיור
水槽

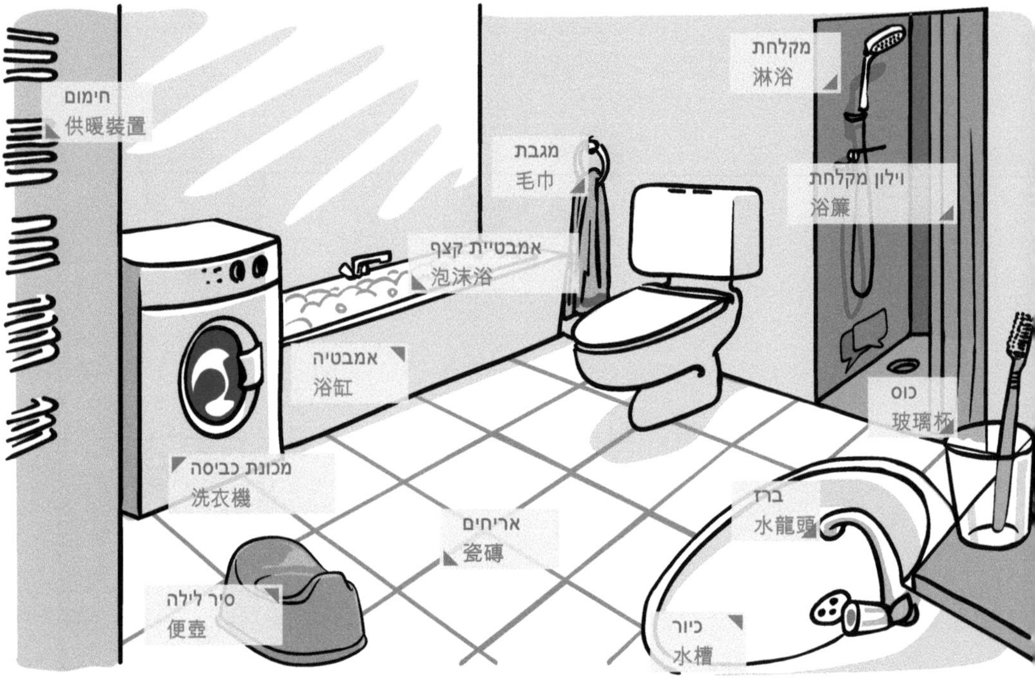

אסלה

廁所

אסלת כריעה

蹲便器

בידה

坐浴器

משתנה

小便斗

נייר טואלט

廁紙

מברשת אסלה

馬桶刷

מברשת שיניים

牙刷

משחת שיניים

牙膏

חוט דנטלי

牙線

שטף

洗

מקלחת יד

手持式蓮蓬頭

צינור שטיפה לשירותים

沖洗器

קערת רחצה

洗臉盆

מברשת גב

洗背刷

סבון

肥皂

ג'ל רחצה

沐浴露

שמפו

洗髮乳

ליפה

法蘭絨

ניקוז

排水

קרם

乳霜

דיאודורנט

除臭劑

מראה

鏡子

מראת יד

手鏡

סכין גילוח

刮鬍刀

קצף גילוח

刮鬍泡沫

אפטרשייב

鬍後水

מסרק

梳子

מברשת

刷子

מייבש שיעור

吹風機

ספריי לשיער

噴髮定型劑

איפור

化妝品

שפתון

唇膏

לק

指甲油

צמר גפן

化妝棉

מספריים לציפורניים

指甲剪

בושם

香水

תיק כלי רחצה

洗漱包

שרפרף

凳子

משקל

計重秤

חלוק רחצה

浴袍

כפפות גומי

橡膠手套

טמפון

衛生棉條

תחבושת סניטרית

衛生棉

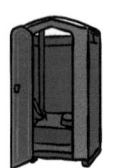

שירותים כימיקליים

化學廁所

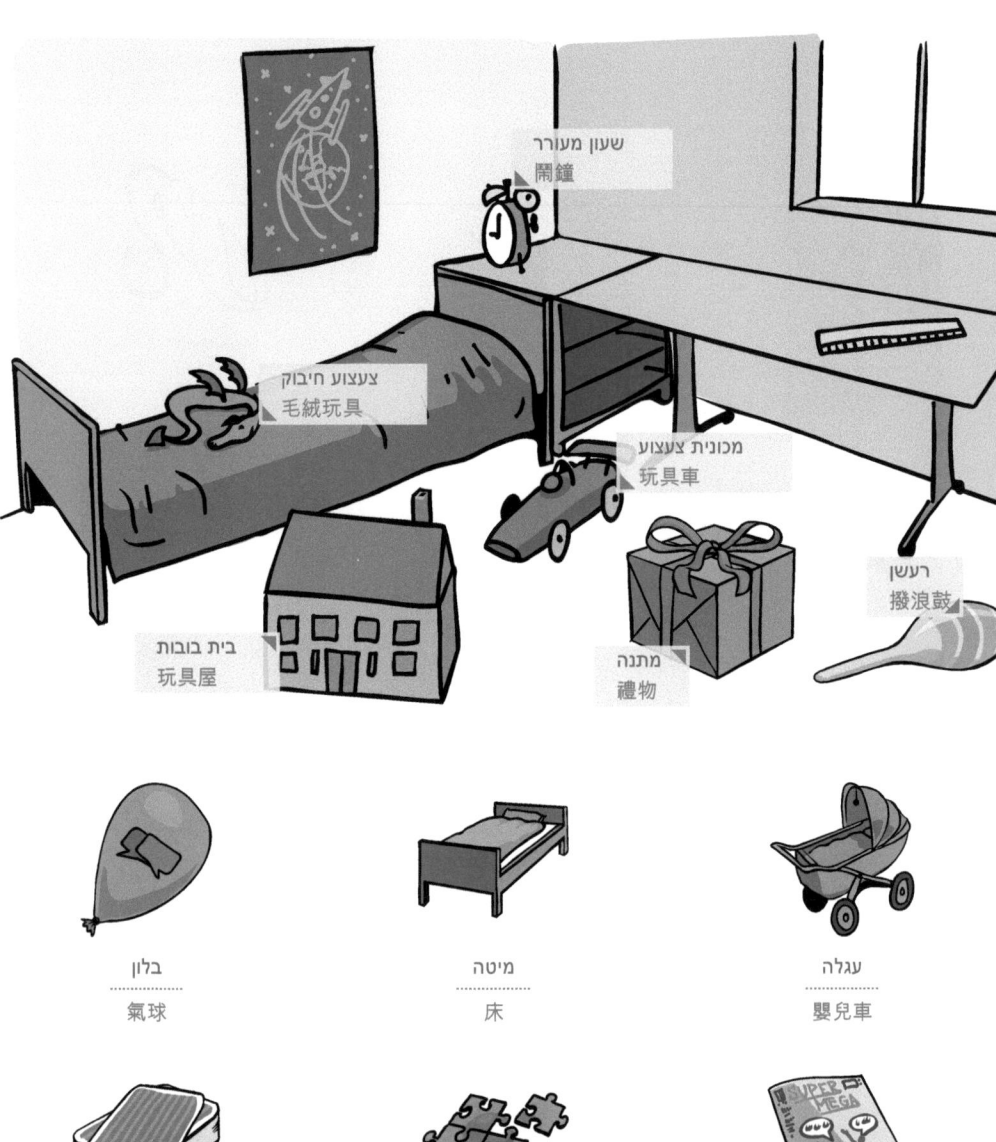

שעון מעורר
鬧鐘

צעצוע חיבוק
毛絨玩具

מכונית צעצוע
玩具車

רעשן
撥浪鼓

בית בובות
玩具屋

מתנה
禮物

בלון
氣球

מיטה
床

עגלה
嬰兒車

משחק קלפים
撲克牌

פאזל
拼圖

קומיקס
漫畫

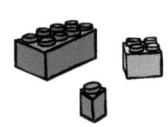

לגו

樂高積木

קוביות משחק

積木玩具

דמות משחק

公仔

סרבל תינוקות

嬰兒服

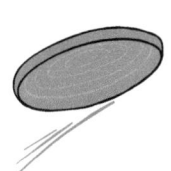

פריזבי

飛盤

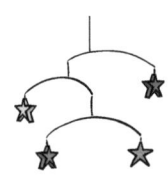

נייד

床鈴玩具

משחק לוח

棋盤遊戲

קוביה

骰子

רכבת צעצוע

火車模型

מוצץ

安撫奶嘴

מסיבה

派對

אלבום תמונות

繪本

כדור

球

בובה

洋娃娃

שיחק

玩

ארגז חול

沙坑

נדנדה

鞦韆

צעצועים

玩具

קונסולת משחקים

電玩遊戲

אופניים תלת גלגלי

三輪車

דובון

泰迪熊

ארון בגדים

衣櫃

בגדים

衣服

גרביים

襪子

גרביונים

長襪

גרביון

緊身褲

צעיף
圍巾

מטריה
雨傘

חולצת טי
T恤

חגורה
皮帶

מגפיים
靴子

נעלי בית
拖鞋

נעלי ספורט
運動鞋

סנדלים
涼鞋

נעליים
鞋

מגפי גומי
雨靴

תחתונים
內褲

חזייה
胸罩

וסט
背心

בגדים - 衣服　　　　45

גוף

身體

מכנסיים

褲子

ג'ינס

牛仔褲

חצאית

短裙

חולצה מכופתרת

女式襯衫

חולצה

襯衫

אפודה

套頭衫

סווצ'ר עם קפוצ'ון

連帽上衣

בלייזר

西裝夾克

ז'קט

夾克

מעיל

外套

מעיל גשם

雨衣

תלבושת

套裝

שמלה

連衣裙

שמלת כלה

婚紗

חליפה

西裝

כותונת לילה

睡袍

פיג'מה

睡衣

סארי

莎麗

מטפחת ראש

頭巾

טורבן

包頭巾

בורקה

波卡

קאפטן

卡夫坦

עבאיה

(阿拉伯式)長袍

בגד ים

泳衣

בגד ים

男式泳褲

מכנסיים קצרים

短褲

בגד אימון

運動服

סינר

圍裙

כפפות

手套

כפתור

鈕扣

משקפיים

眼鏡

צמיד יד

手鏈

שרשרת

項鍊

טבעת

戒指

עגיל

耳環

כובע

便帽

קולב

衣架

כובע

帽子

עניבה

領帶

רוכסן

拉鍊

קסדה

安全帽

כתפיות

背帶

תלבושת בית ספר

校服

מדים

制服

מפית אוכל

圍兜

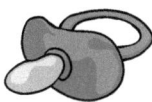

מוצץ

安撫奶嘴

חיתול

尿布

משרד

辦公室

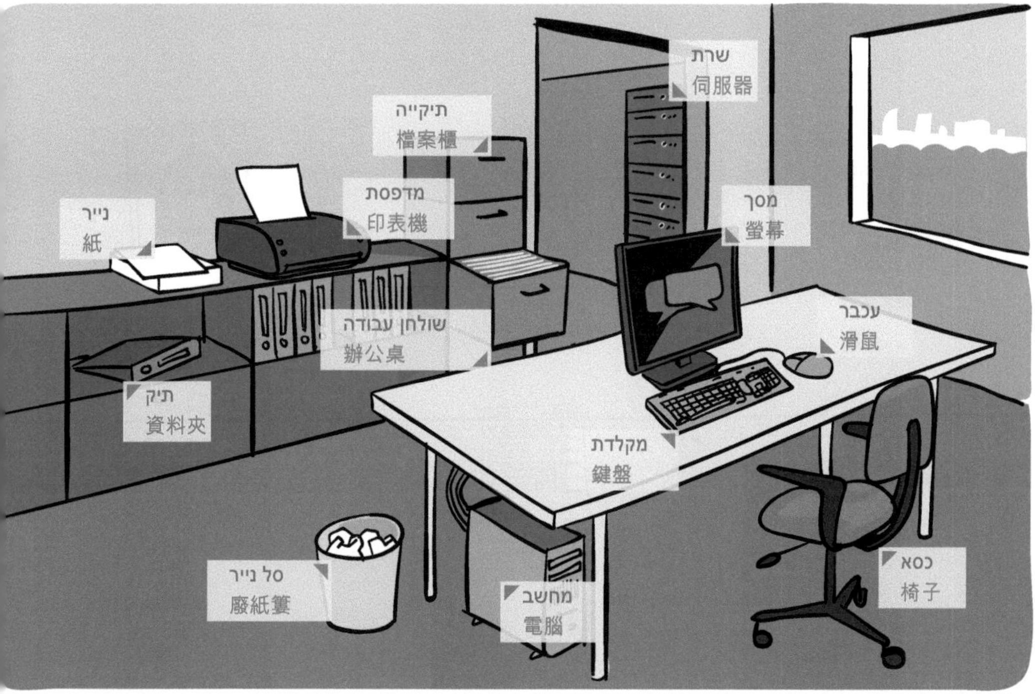

שרת
伺服器

תיקייה
檔案櫃

מדפסת
印表機

נייר
紙

מסך
螢幕

שולחן עבודה
辦公桌

עכבר
滑鼠

תיק
資料夾

מקלדת
鍵盤

סל נייר
廢紙簍

כסא
椅子

מחשב
電腦

ספל קפה

咖啡杯

מחשבון

計算機

אינטרנט

網際網路

מחשב נייד

筆記型電腦

מכתב

信件

הודעה

簡訊

נייד

行動電話

רשת

網路

מכונת צילום

影印機

תוכנה

軟體

טלפון

電話

שקע

插座

פקס

傳真機

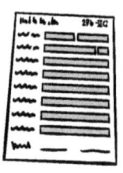

טופס

表格

מסמך

檔案

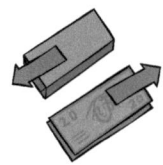

כלכלה
經濟

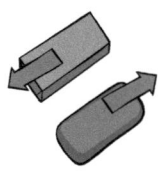

סחר

交易

שילם

付錢

קנה

買

יורו

歐元

דולר

美元

כסף

現金

פרנק שווייצרי

瑞士法郎

רובל

盧布

ין

日元

כספומט

提款處

רופי

盧比

יואן רנמינבי

人民幣

המרת מטבע

外幣兌換處

זהב

金

כסף

銀

נפט

石油

אנרגיה

能源

מחיר

價格

חוזה

合約

מס

稅金

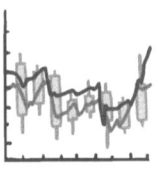

מנייה

股票

עבד

工作

עובד

職員

מעסיק

老闆

מפעל

工廠

חנות

商店

מקצועות
職業

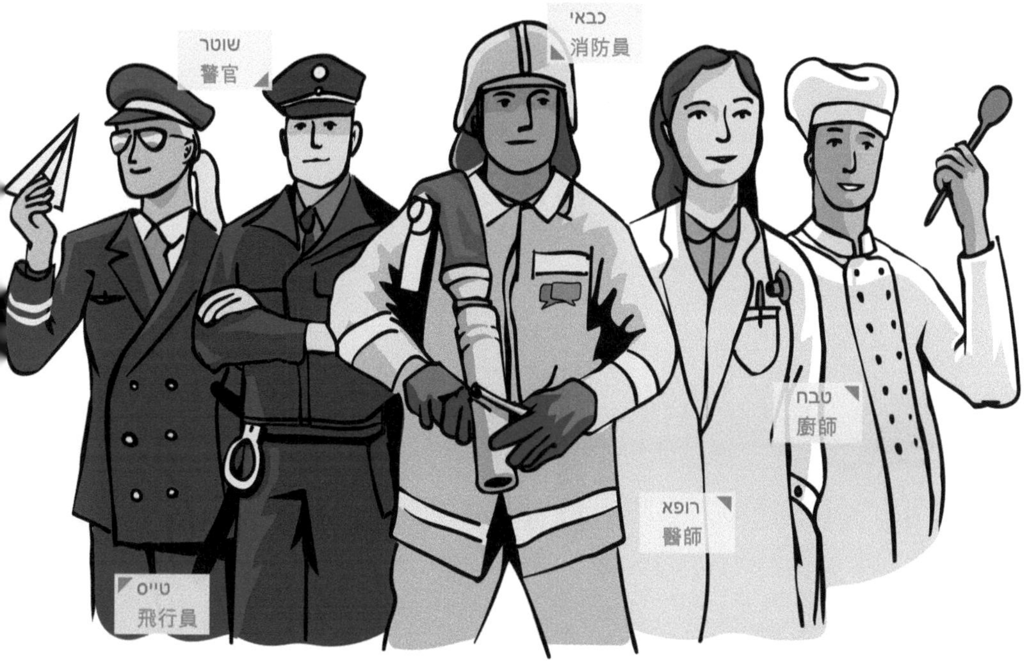
שוטר
警官
כבאי
消防員
טבח
廚師
רופא
醫師
טייס
飛行員

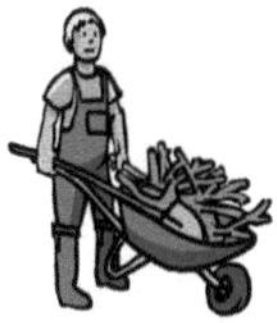

גנן
園丁

נגר
木匠

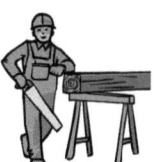

תופרת
裁縫

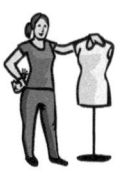

שופט
法官

כימאי
化學家

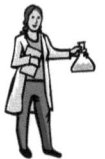

שחקן
演員

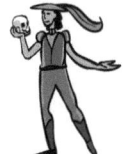

נהג אוטובוס

公車司機

נהג מונית

計程車司機

דייג

漁夫

עובדת נקיון

清洗女工

מתקן גגות

屋頂工

מלצר

服務生

צייד

獵人

צייר

畫家

אופה

麵包師

חשמלאי

電工

עובד בניין

建築工人

מהנדס

工程師

קצב

屠夫

אינסטלטור

水管工

דוור

郵差

חייל

士兵

אדריכל

建築師

קופאי

收銀員

מוכר פרחים

花農

ספר

理髮師

כרטיסן

售票員

מכונאי

機械技師

קברניט

船長

רופא שיניים

牙醫

מדען

科學家

רב

拉比

אימאם

伊瑪目

נזיר

和尚

כומר

牧師

כלי עבודה
工具

פטיש
鐵錘
צבת
鉗子
מברג
螺絲起子
מפתח ברגים
扳手
פנס
手電筒

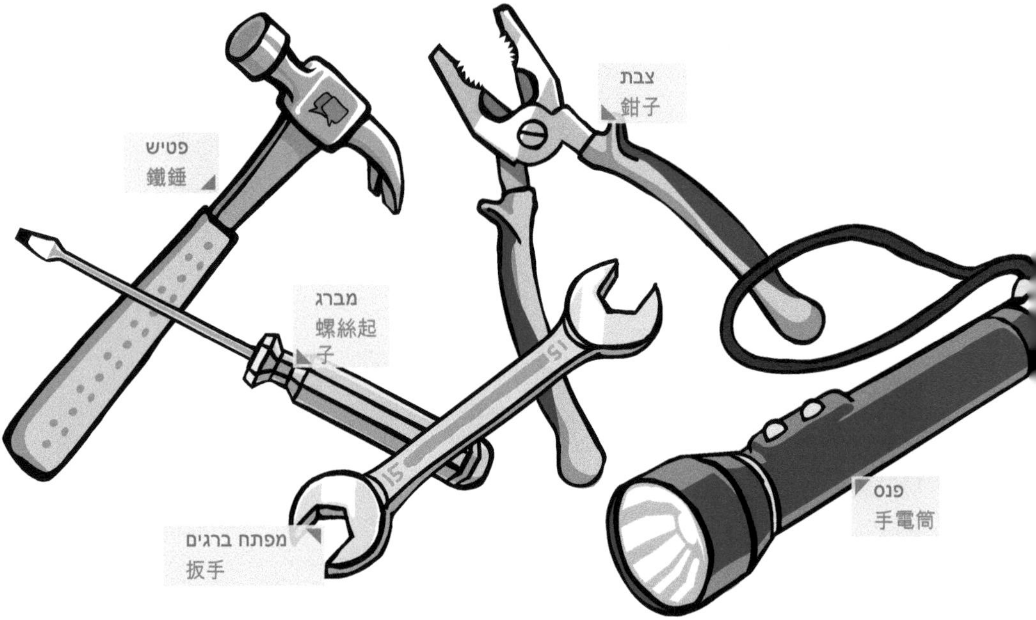

דחפור

挖掘機

ארגז כלים

工具箱

סולם

梯子

מסור

鋸子

מסמרים

釘子

מקדחה

鑽機

לעזאזל!

糟糕！

את חפירה

鏟子

תיקן

修

ברגים

螺絲

פח צבע

油漆桶

יעה

畚箕

כלי נגינה
樂器

רמקול
揚聲器
מערכת תופים
打擊樂器
גיטרה
吉他
קונטראבס
低音提琴
חצוצרה
小號

פסנתר

鋼琴

כינור

小提琴

בס

貝斯

תוף הדוד

定音鼓

תופים

鼓

מקלדת פסנתר

電子琴

סקסופון

薩克斯風

חליל

長笛

מיקרופון

麥克風

גן חיות

動物園

כניסה
入口
נמר
老虎
כלוב
籠子
זברה
斑馬
מזון לחיות

קנגרו

袋鼠

פיל

大象

בעלי חיים

動物

דוב

熊

גורילה

大猩猩

קרנף

犀牛

גמל

駱駝

יען

鴕鳥

אריה

獅子

קוף

猴子

פלמינגו

紅鶴

תוכי

鸚鵡

דוב הקרח

北極熊

פינגווין

企鵝

כריש

鯊魚

טווס

孔雀

נחש

蛇

תנין

鱷魚

שומר גן החיות

動物園管理員

כלב ים

海豹

יגואר

美洲豹

סוס פוני

矮種馬

לאופרד

豹

היפופוטאם

河馬

ג'ירפה

長頸鹿

נשר

老鷹

חזיר בר

野豬

דג

魚

צב

龜

סוס ים

海象

שועל

狐狸

איילה

羚羊

גן חיות - 動物園　　61

ספורט
體育

פוטבול אמריקאי
橄欖球
רכיבת אופניים
騎腳踏車
טניס
網球
כדורסל
籃球
שחיה
游泳
הוקי
冰球
אגרוף
拳擊

כדורגל
美式足球

בדמינטון
羽毛球

אתלטיקה
田徑

כדור-יד
手球

עשה סקי
滑雪

פולו
馬球

פעילויות
活動

קפץ
跳
שר
唱
חיבק
擁抱
צחק
笑
הלך
走路
חלם
做夢
התפלל
祈禱
נשק
親吻

כתב

書寫

צייר

畫

הראה

展示

דחף

推

נתן

給

לקח

拿

יש / להיות הבעלים

有

עשה

做

היה

當

עמד

站

רץ

跑

משך

拉

זרק

丟

נפל

摔倒

שכב

躺

חיכה

等待

סחב

攜帶

ישב

坐

התלבש

穿衣

ישן

睡覺

התעורר

醒來

הסתכל ב-
看

בכה
哭

ליטף
擊

סירק
梳頭

דיבר
交談

הבין
明白

שאל
問

שמע
聽

שתה
喝

אכל
吃

סידר
清理

אהב
愛

בישל
做飯

נהג
開車

עף
飛

שט

航行

חישב

計算

קרא

讀

למד

學習

עבד

工作

התחתן

結婚

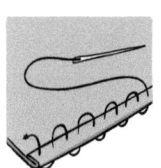

תפר

縫

ציחצח שיניים

刷牙

הרג

殺

עישן

抽菸

שלח

寄

סבתא
祖母
סבא
祖父
אבא
父親
אימא
母親
תינוק
嬰兒
בת
女兒
בן
兒子

אורח
客人

דודה
阿姨

דוד
叔叔

אח
兄弟

אחות
姐妹

גוף
身體

מצח
前額
עין
眼睛
פנים
臉
סנטר
下巴
חזה
乳房
אצבע
手指
כף יד
手
זרוע
手臂
כתף
肩膀
רגל
腿

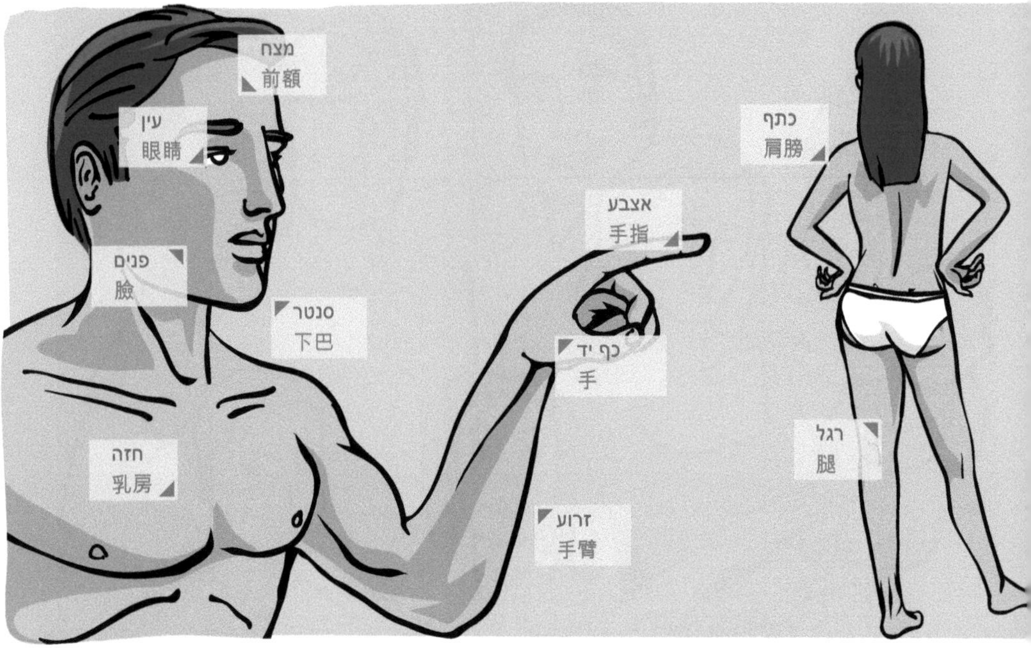

תינוק

嬰兒

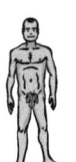

איש

男人

אישה

女人

ילדה

女孩

ילד

男孩

ראש

頭

גב

背部

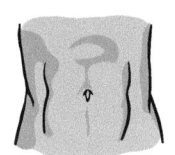

בטן

肚子

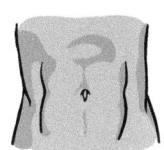

טבור

肚臍

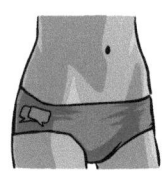

אצבע

腳趾

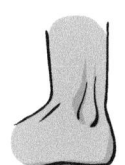

עקב

腳後跟

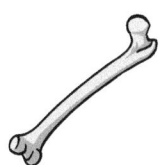

עצם

骨頭

ירך

臀部

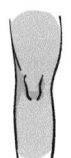

ברך

膝蓋

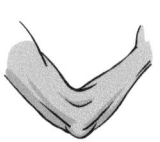

מרפק

手肘

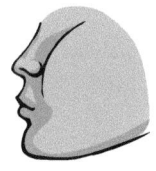

אף

鼻子

עכוז

屁股

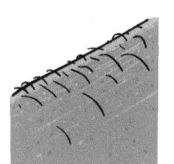

עור

皮膚

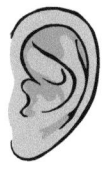

לחי

臉頰

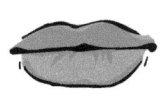

אוזן

耳朵

שפתיים

嘴唇

פה

嘴

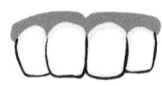

שן

牙齒

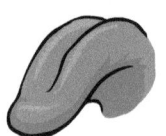

לשון

舌頭

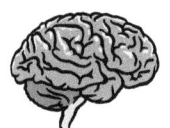

מוח

腦

לב

心臟

שריר

肌肉

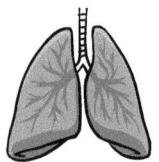

ריאה

肺

כבד

肝臟

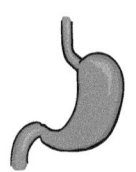

קיבה

胃

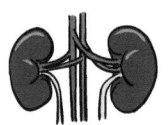

כליות

腎臟

מין

性交

קונדום

保險套

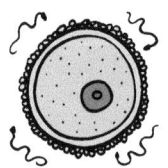

ביצית

卵子

זרע

精子

הריון

懷孕

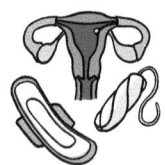

וסת

月事

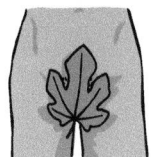

נרתיק

陰道

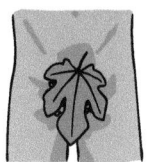

פין

陰莖

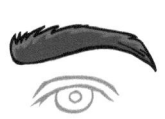

גבה

眉毛

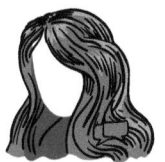

שיער

頭髮

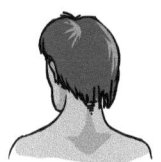

צוואר

脖子

בית חולים
醫院

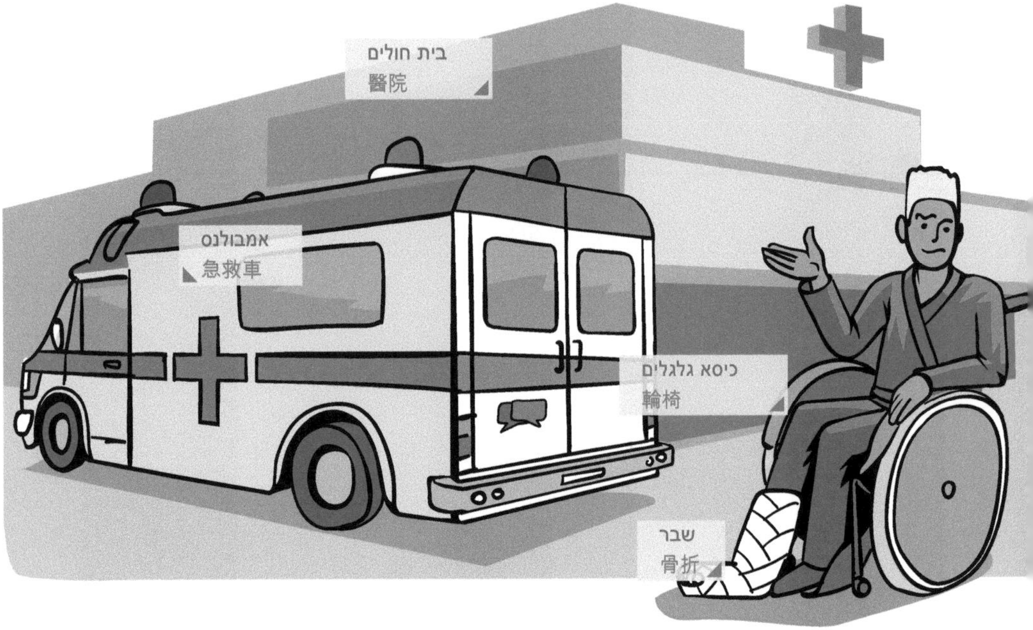

בית חולים
醫院
אמבולנס
急救車
כיסא גלגלים
輪椅
שבר
骨折

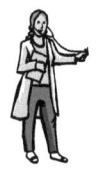

רופא
醫師

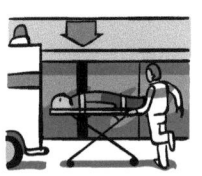

חדר מיון
急診室

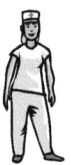

אחות
護理師

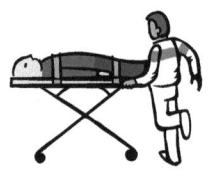

חירום
緊急情形

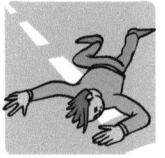

חסר הכרה
昏迷

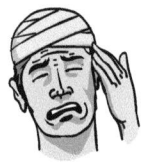

כאב
痛

פציעה

受傷

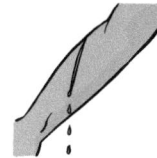

דימום

出血

התקף לב

心臟病發作

שבץ

中風

אלרגיה

過敏

שיעול

咳嗽

חום

發燒

שפעת

流感

שלשול

腹瀉

כאב ראש

頭痛

סרטן

癌症

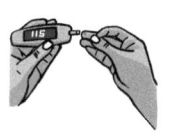

סוכרת

糖尿病

מנתח

外科醫師

אזמל

手術刀

ניתוח

手術

אולטרסאונד

超音波

רנטגן

X光

סי-טי

電腦斷層掃描

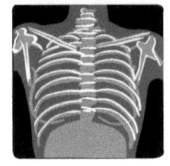

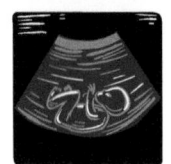

חדר המתנה

候診室

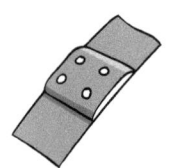

מחלה

疾病

מסיכת פנים

口罩

תחבושת

繃帶

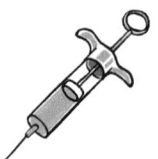

פלסטר

石膏

קבה

拐杖

אלונקה

擔架

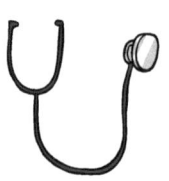

סטטוסקופ

聽診器

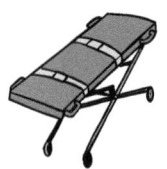

זריקה

注射

עודף משקל

超重

לידה

出生

מד חום

體溫計

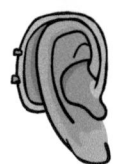

מכשיר שמיעה

助聽器

מחטא

消毒液

זיהום

感染

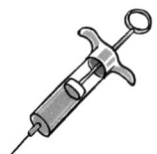

נגיף

病毒

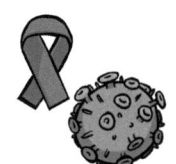

איידס

愛滋病

תרופה

藥物

חיסון

接種疫苗

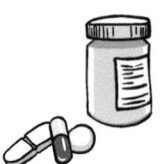

טבליות

藥片

גלולה

藥丸

קריאת חירום

急救電話

מד לחץ דם

血壓計

חולה / בריא

生病/健康

חירום
緊急情形

פשיטה

突擊

אזעקה

警報

הצילו!

救命！

יציאת חירום

緊急出口

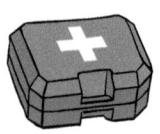

סכנה

危險

תקיפה

攻擊

תאונה

意外

מטף כיבוי

滅火器

אש!

失火了！

משטרה

員警

הצילו!

呼救訊號

ערכת עזרה ראשונה

急救箱

כדור הארץ
地球

דרום אמריקה

南美洲

צפון אמריקה

北美洲

אירופה

歐洲

אוסטרליה

澳洲

אסיה

亞洲

אפריקה

非洲

האוקיינוס ההודי

印度洋

האוקיינוס השקט

太平洋

האוקיינוס האטלנטי

大西洋

הקוטב הצפוני

北極

האוקיינוס הארקטי

北冰洋

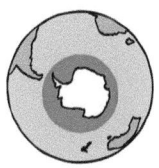

האוקיינוס האנטרקטי

南冰洋

כדור הארץ

地球

אנטארקטיקה

南極洲

הקוטב הדרומי

南極

אי

島

ים

海

אדמה

陸地

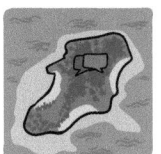

מדינה

州

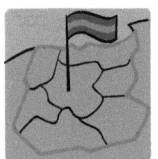

לאום

國家

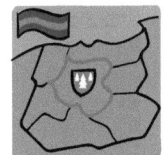

שעון
鐘錶

פני השעון

錶盤

מחוג השעות

時針

מחוג הדקות

分針

מחוג השניות

秒針

מה השעה?

現在幾點？

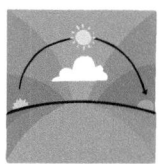

יום

天

זמן

時間

עכשיו

現在

שעון דיגיטלי

電子錶

דקה

分

שעה

時

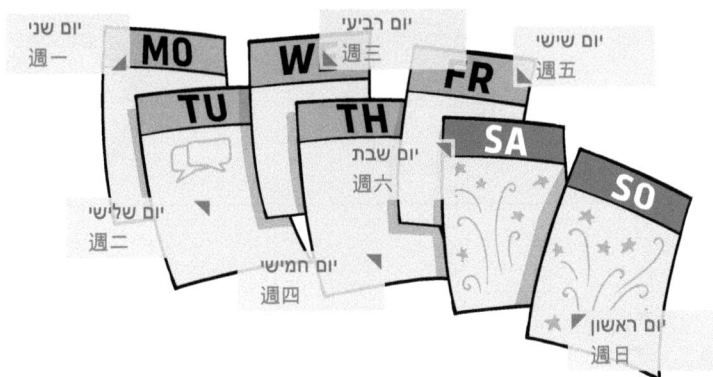

יום שני / 週一 — MO
יום שלישי / 週二 — TU
יום רביעי / 週三 — W
יום חמישי / 週四 — TH
יום שישי / 週五 — FR
יום שבת / 週六 — SA
יום ראשון / 週日 — SO

אתמול

昨天

היום

今天

מחר

明天

בוקר

早晨

צהריים

中午

ערב

晚上

ימי עבודה

工作日

סוף שבוע

週末

גשם
雨

קשת בענן
彩虹

רוח
風

שלג
雪

אביב
春

קיץ
夏

סתיו
秋

חורף
冬

תחזית מזג האוויר
·············
天氣預告

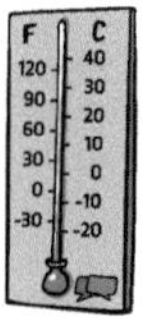

מד חום
·············
溫度計

אור שמש
·············
陽光

ענן
·············
雲

ערפל
·············
霧

לחות
·············
潮濕

ברק

閃電

רעם

打雷

סערה

風暴

ברד

冰雹

רוח עונתי

季風

שיטפון

洪水

קרח

冰

ינואר

一月

פברואר

二月

מרץ

三月

אפריל

四月

מאי

五月

יוני

六月

יולי

七月

אוגוסט

八月

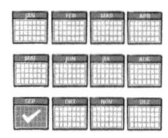

ספטמבר
....
九月

אוקטובר
....
十月

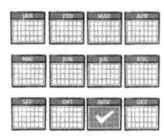

נובמבר
....
十一月

דצמבר
....
十二月

צורות

形狀

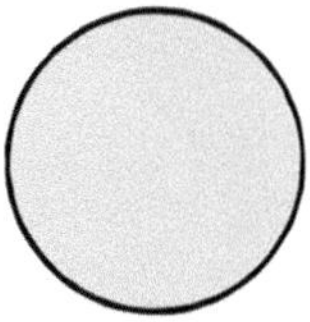

עיגול
....
圓形

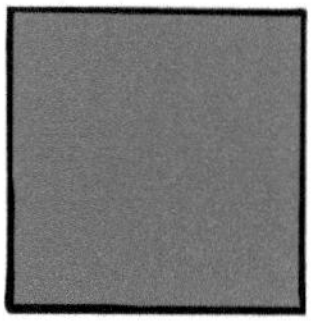

מרובע
....
正方形

מלבן
....
長方形

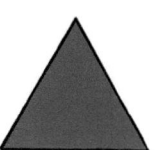

משולש
....
三角形

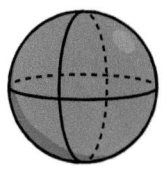

כדור
....
球體

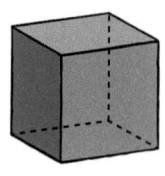

קובייה
....
立方體

צבעים
顏色

לבן

白

צהוב

黃

כתום

橙

ורוד

粉

אדום

紅

סגול

紫

כחול

藍

ירוק

綠

חום

棕

אפור

灰

שחור

黑

הפכים
反義詞

יפה / מכוער

美/醜

כועס / רגוע

生氣/平靜

הרבה / מעט

很多/少許

בהיר / כהה

明/暗

גדול / קטן

大/小

התחלה / סוף

首/尾

שלם / חלקי

完整/缺失

נקי / מלוכלך

乾淨/骯髒

אח / אחות

兄弟/姐妹

רחב / צר

寬/窄

מת / חי

死/生

יום /לילה

白天/晚上

אכיל / לא אכיל

可食用/非食用

רשע / טוב לב

邪惡/善良

מתרגש / משועמם

興奮/無聊

שמן / רזה

胖/瘦

ראשון / אחרון

第一/最後

חבר / אויב

朋友/敵人

מלא / ריק

滿/空

קשה / רך

硬/軟

כבד / קל

重/輕

רעב / צמא

餓/渴

חולה / בריא

生病/健康

בלתי-חוקי / חוקי

非法/合法

נבון / טיפש

聰明/愚笨

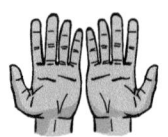

שמאל / ימין

左/右

קרוב / רחוק

近/遠

חדש / משומש

新/舊

כלום / משהו

沒有/有些

זקן / צעיר

老/幼

פעיל / כבוי

開/關

פתוח / סגור

打開/闔上

שקט / רועש

安靜/吵鬧

עשיר / עני

富/窮

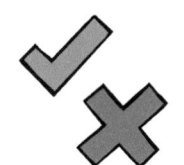

נכון / שגוי

對/錯

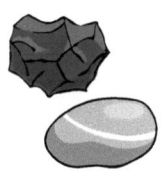

מחוספס / חלק

粗糙/光滑

עצוב / שמח

傷心/高興

קצר / ארוך

短/長

איטי / מהיר

慢/快

רטוב / יבש

濕/乾

חם / קר

溫暖/涼爽

מלחמה / שלום

戰爭/和平

מספרים

數字

0	**1**	**2**
אפס	אחת	שתיים
零	一	二
3	**4**	**5**
שלוש	ארבע	חמש
三	四	五
6	**7**	**8**
שש	שבע	שמונה
六	七	八
9	**10**	**11**
תשע	עשר	אחת-עשרה
九	十	十一

12
שתים-עשרה
十二

13
שלוש-עשרה
十三

14
ארבע-עשרה
十四

15
חמש-עשרה
十五

16
שש-עשרה
十六

17
שבע-עשרה
十七

18
שמונה-עשרה
十八

19
תשע-עשרה
十九

20
עשרים
二十

100
מאה
百

1.000
אלף
千

1.000.000
מיליון
百萬

שפות
語言

אנגלית

英語

אנגלית אמריקאית

美式英語

סינית מנדרינית

普通話

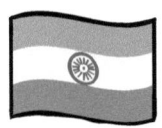

הודית

印地語

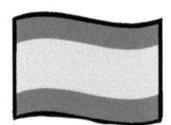

ספרדית

西班牙語

צרפתית

法語

ערבית

阿拉伯語

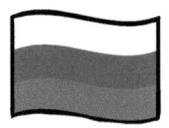

רוסית

俄語

פורטוגזית

葡萄牙語

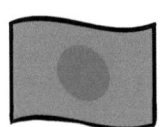

בנגלית

孟加拉語

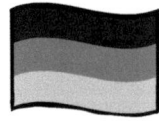

גרמנית

德語

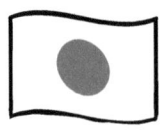

יפנית

日語

מי / מה / איך
誰/什麼/如何

אני

我

אתה / את

你

הוא / היא / זה

他/她/它

אנחנו

我們

אתם

你們

הם

他們

מי?

誰？

מה?

什麼？

איך?

如何？

איפה?

何處？

מתי?

何時？

שם

名字

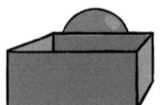

איפה

方位

לפני

前面

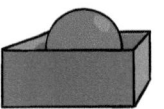

בתוך

裡面

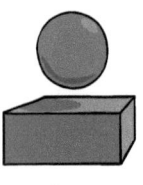

מאחור

後面

מתחת

下麵

על

上面

מעל

上方

מקום

地點

בין

中間

ליד

旁邊

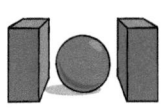